BEI GRIN MACHT SICH IHR WISSEN BEZAHLT

- Wir veröffentlichen Ihre Hausarbeit, Bachelor- und Masterarbeit

- Ihr eigenes eBook und Buch - weltweit in allen wichtigen Shops

- Verdienen Sie an jedem Verkauf

Jetzt bei www.GRIN.com hochladen und kostenlos publizieren

Fabian Ellermann

Proliferation von Massenvernichtungswaffen

Eine der größten Herausforderungen der Sicherheitspolitik

GRIN Verlag

Impressum:

Copyright © 2008 GRIN Verlag GmbH
Druck und Bindung: Books on Demand GmbH, Norderstedt Germany
ISBN: 978-3-638-92162-6

Dieses Buch bei GRIN:

http://www.grin.com/de/e-book/89168/proliferation-von-massenvernichtungswaffen

Christian-Albrechts-Universität zu Kiel

Die Proliferation von Massenvernichtungswaffen:

Eine der größten Herausforderungen der Sicherheitspolitik

Referatsausarbeitung

vorgelegt von:

Fabian Ellermann

Inhaltsverzeichnis

1. Das „kleine ABC" der Massenvernichtungswaffen *3*

2. Die Entwicklung der Bedeutung von Massenvernichtungswaffen – vom Kalten Krieg zum „zweiten Nuklearen Zeitalter" *4*

3. Die Proliferation und daraus entstehende Risiken *6*

    3.1 Motivation von Akteuren zur Anschaffung von Massenvernichtungswaffen **6**

        3.1.1 Motivation staatlicher Akteure 6

        3.1.2 Motivation nicht-staatlicher Akteure 7

    3.2 Aus der Proliferation resultierende Gefahren **7**

    3.3 Der Proliferationsprozess am Beispiel des Proliferationsnetzwerk um A. Q. Kahn **9**

4. Potentielle Möglichkeiten zur Eindämmung von Proliferation *10*

5. Fazit *12*

Literaturverzeichnis *13*

1. Das „kleine ABC" der Massenvernichtungswaffen

Die Proliferation von Massenvernichtungswaffen in der Zeit nach dem Kalten Krieg ist eine der großen sicherheitspolitischen Herausforderungen, vor der nicht nur die westliche Staatengemeinschaft steht. Als Beispiel sei die Gefahr genannt, dass Terrorgruppen oder auch Staaten wie der Iran, der Israel offen mit Vernichtung droht, Massenvernichtungswaffen für ihre Zwecke einsetzen. Zunächst einmal ist zu klären, was unter den Begriffen Proliferation und Massenvernichtungswaffen zu verstehen ist. Unter Proliferation ist die "Weiterverbreitung aller Arten von Massenvernichtungswaffen (atomare, biologische und chemische Waffen), von Raketen als Träger für Massenvernichtungswaffen sowie sämtlichen Mitteln zum Aufbau von Forschungs- und Produktionsstätten"[1] zu verstehen. "Auch die Weitergabe von entsprechendem technischem Wissen ist darunter zu fassen."[2] An dieser Definition wird deutlich, dass es also nicht nur um die bloße Weitergabe der entsprechenden Waffen geht, sondern auch um alle Hilfsmittel, die zu ihrem Einsatz benötigt werden. Weiterhin zeigt sie, dass es verschiedene Typen von Massenvernichtungswaffen gibt, nämlich atomare, biologische, und chemische. Allen gemein ist, dass sie in hohem Maße Tod und/oder Zerstörung anrichten können und dies in einer relativ kurzen Zeitspanne. Dies unterscheidet sie von konventionellen Waffen, wie es Malcolm R. Davis und Colin S. Gray ausführen:

„Key to the consensual use of the WMD [Weapons of mass destruction, Amn. d. Verf.] concept is the quality of (near-) simultaneity of effects. If that quality is   removed from the definition, then literally any weapon can function as a WMD. Limbs trained in the martial arts, bayonets and bows and arrows, if applied wirth sufficient determination, frequency, skill and energy, can kill people on cumulatively any scale of massiveness allowed by a favourable imbalance of military power."[3]

ABC Waffen unterscheiden sich in ihrer Wirkungsweise. Atomwaffen sind Sprengkörper, deren Wirkung auf der Energie beruht, die bei einer Kernspaltung oder -fusion freigesetzt wird. Ihre Sprengkraft entspricht einem Vielfachen der eines konventionellen Sprengkörpers.[4] Biologische Waffen verseuchen Menschen, Tiere und Pflanzen durch biologische Erreger wie Pest und

---

[1] Glossar: Sind wir sicher? - Proliferation, http://www.bpb.de/themen/1EQXT2,3,0,Glossar.html, 07.01.2008.

[2] ebd.

[3] Davis, Malcolm R./Gray, Colin S.: Weapons of Mass Destruction, in: Baylis, John u.a.: Strategy in the Contemporary World. An Introduction to Strategic Studies, Oxford 2002, S. 256f.

[4] Vgl. Meyers Lexikonverlag: ABC-Waffen, http://lexikon.meyers.de/index.php?title=ABC-Waffen&oldid=281750, 07.01.2008.

Typhus.[5] Chemische Waffen bestehen aus gasförmigen, flüssigen oder festen Verbindungen, die durch starke Gift- oder Reizwirkungen Gegner kampfunfähig machen oder töten können.[6]

Trotz bestehender Instrumente, wie dem Atomwaffensperrvertrag, um der Proliferation von Massenvernichtungswaffen zu begegnen, ist feststellbar, dass die Zahl von mit Massenvernichtungswaffen bewaffneten Staaten weiter anwächst. Auch die Gefahr der Bewaffnung von Terroristen mit diesen Waffen ist stark angestiegen. Als Beispiel sei hier der Giftgasanschlag der japanischen Aum Sekte in der Tokioter U-Bahn genannt. Dieses Referat soll klären, ob die Proliferation von Massenvernichtungswaffen eine unkontrollierbare Gefährdung der gesamten Menschheit darstellt, oder ob es sich bei ihr um ein eindämmbares Risiko handelt.

2. Die Entwicklung der Bedeutung von Massenvernichtungswaffen – vom Kalten Krieg zum „zweiten Nuklearen Zeitalter"[7]

Man kann eine wechselnde Bedeutung von Massenvernichtungswaffen während des und nach dem Kalten Krieg feststellen. In der Zeit vor und während des Kalten Krieges hatten insbesondere Atomwaffen eine besondere Bedeutung. So wurden zwar im ersten Weltkrieg chemische Kampfgase eingesetzt, diese wurden aber vom Genfer Protokoll vom 17.06.1925 verboten[8] und daraufhin nur noch äußerst spärlich eingesetzt, so von Japan während des Zweiten Weltkrieges in China und vom Irak im ersten Golfkrieg gegen den Iran. Das 1997 in Kraft getretene C-Waffen Abkommen verbietet die Entwicklung, Herstellung, Lagerung und den Einsatz chemischer Waffen.[9] Biologische Waffen sind bis heute noch nicht bestätigt eingesetzt worden. Das B-Waffen Abkommen, 1975 in Kraft getreten, verbietet ihre Entwicklung, Herstellung und Lagerung.[10] Biologische und chemische Waffen haben also bis zum Ende des Kalten Krieges nie eine größere Rolle gespielt. Atomwaffen dagegen wurden das erste Mal von den USA 1945 im zweiten Weltkrieg gegen Japan eingesetzt, was die Kapitulation des Inselstaats zur Folge hatte. Daraufhin begann ein Rüstungswettlauf zwischen USA und UDSSR. Der Konflikt zwischen den Supermächten bestimmte zwischen 1945 und 1989 die Weltpolitik

---

[5]   Vgl. ebd.

[6]   Vgl. ebd.

[7]   Davis, Malcolm R./Gray, Colin S.: Weapons of Mass Destruction, S. 254.

[8]   Vgl. Meyers Lexikonverlag: Genfer Vereinbarungen, http://lexikon.meyers.de/index.php?title=Genfer_Vereinbarungen&oldid=163616, 07.01.2008.

[9]   Vgl. Meyers Lexikonverlag: C-Waffen-Abkommen, http://lexikon.meyers.de/index.php?title=C-Waffen-Abkommen&oldid=133334, 07.01.2008.

[10]   Vgl. Meyers Lexikonverlag: B-Waffen-Abkommen, http://lexikon.meyers.de/index.php?title=B-Waffen-Abkommen&oldid=166204, 07.01.2008.

und schürte die Angst vor einer nuklearen Vernichtung. Im Zuge realistischer Politik[11] wuchsen sowohl auf amerikanischer als auch auf sowjetischer Seite die Nukleararsenale stark an: „Superpower nuclear arsenals eventually grew to monstrous size. The awesome scale of those stockpiles induced a strategically paralysing anxiety, which discouraged adventure, even much boldness, in policy"[12]. Aus dem enormen Abschreckungspotenzial der Nukleararsenale erwuchs also eine Angst, diese auch wirklich zu benutzen und eine konfrontative Politik gegenüber dem Klassenfeind zu üben. Zudem führte es zu gemeinsamen Bemühungen, durch das SALT Abkommen von 1972 das „Gleichgewicht des Schreckens"[13] durch das Verbot von Raketenabwehrsystemen und die Festlegung von Höchstgrenzen für Interkontinentalraketen und Unterseeboot-gestützte ballistische Raketen zu stabilisieren.[14] Diese Initiative wurde dann mit „START", den Gesprächen über die Verminderung strategischer Waffen, 1982 fortgesetzt.[15]

Auch trat 1970 infolge irisch-amerikanischer Bemühungen der Atomwaffensperrvertrag in Kraft[16], dem bis auf Indien, Pakistan und Israel alle Staaten dieser Welt beigetreten sind. Dieser verbietet die Proliferation von Atomwaffen und ist der zentrale Vertrag zur Eindämmung nuklearer Proliferation. Alle Staaten, die diesen Vertrag unterzeichnet haben, sind verpflichtet, sich regelmäßigen Kontrollen durch die Internationale Atomenergieorganisation zu unterziehen. Auch die in Reaktion auf einen indischen friedlichen Atomtest 1974 gegründete Nuclear Suppliers Group, eine Gemeinschaft von Staaten mit dem Ziel, die Exportrichtlinien für nukleares Material zu verschärfen, sollte zur Nichtverbreitung von Atomwaffen beitragen.[17]

Nach dem Zusammenbruch der Sowjetunion spricht man von einem zweiten nuklearen Zeitalter: „Whereas in the decades of the Cold War there was a single threat providing policy and strategic, tactical, and technical inspiration for nuclear arsenals, today the threat is a diffuse set of possibilities, better characterized as risks."[18] Diese Risiken erwachsen vor allem aus einer zunehmenden Zahl von nuklear bewaffneten Staaten und der Gefahr, dass auch

---

[11] Weitere Ausführungen zur Theorie des Realismus sind u. a. zu finden bei Menzel, Ulrich: Zwischen Idealismus und Realismus, Frankfurt a. M. 2000.

[12] Davis, Malcolm R./Gray, Colin S.: Weapons of Mass Destruction, S. 258.

[13] Deterding, Sebastian: Hiroshima: Eine Chronik. Von der Entdeckung des Uran bis zum Ende des Kalten Krieges, http://www.bpb.de/themen/3IU3NN,0,0,Hiroshima:_Eine_Chronik.html, 07.01.2008.

[14] Vgl. Görtemaker, Manfred: Entspannung und neue Ostpolitik 1969.1975, in: Informationen zur politischen Bildung, Nr. 245, http://www.bpb.de/publikationen/FVE7OE,0,0,Entspannung_und_Neue_Ostpolitik_19691975.html, 08.01.2008.

[15] Genauere Informationen zu diesen Gesprächen u.a. unter http://lexikon.meyers.de/meyers/START.

[16] Vgl. Müller, Harald: Die Zukunft der nuklearen Ordnung, in: Aus Politik und Zeitgeschichte 48/2005, S. 3.

[17] Vgl. Harnisch, Sebastian: Das Proliferationsnetzwerk um A. Q. Kahn, in: Aus Politik und Zeitgeschichte 48/2005, S. 25.

[18] Davis, Malcolm R./Gray, Colin S.: Weapons of Mass Destruction, S. 258.

Terrororganisationen in den Besitz vor allem nuklearer, aber auch biologischer oder chemischer Waffen kommen.

3. Die Proliferation und daraus entstehende Risiken

3.1 Motivation von Akteuren zur Anschaffung von Massenvernichtungswaffen

In diesem Kapitel soll geklärt werden, aus welchem Grunde sich trotz bestehender A-, B-, und C-Waffensperrverträge staatliche und nicht-staatliche Akteure Massenvernichtungswaffen anschaffen und welche Gefahren daraus entwachsen. Abschließend soll dieser Vorgang der Proliferation am Beispiel des pakistanischen Nuklearforschers A. Q. Kahn und seines Netzwerks verdeutlicht werden.

3.1.1 Motivation staatlicher Akteure

Die Politikwissenschaftler Malcolm R. Davis und Colin S. Gray identifizieren vier verschiedene Gründe, aus denen sich Staaten nukleare Waffen anschaffen: Erstens: Zur Erhöhung ihrer eigenen Sicherheit und zur Erhaltung des Status Quo. Zweitens: zur Steigerung der eigenen Sicherheit auf Kosten anderer Staaten. Drittens: zur Befriedigung innenpolitischer Ambitionen und Interessen und viertens zur Erlangung von Prestige und Ruhm. Zudem weisen sie auf die potentielle Gefahr eines zu allem bereiten, vielleicht auch verzweifelten Staatsführers hin, der nukleare Drohungen als Zwangsmittel einsetzt.[19]

Trotz des Nichtverbreitungsvertrages, dessen Endziel die totale Abrüstung aller nuklearen Waffen ist, halten auch schon bewaffnete Staaten weiter an ihrem Arsenal fest. Eine Begründung hierfür liefert Sir Michael Quinlan, ein ehemaliger Untersekretär im britischen Ministerium für Verteidigung: „A nuclear state is a state that no-one can afford to make desperate."[20] Denn Nuklearwaffen sind aufgrund ihrer Zerstörungskraft eine Rückversicherung gegen jeden, der das Überleben eines Staates bedroht. Jeder Staat, der einen militärischen Konflikt mit einem nuklear bewaffneten Gegner beginnen will, muss einen Weg finden, dessen Arsenal zu neutralisieren.[21]

---

[19] Vgl. Davis, Malcolm R./Gray, Colin S.: Weapons of Mass Destruction, S. 264.
[20] Davis, Malcolm R./Gray, Colin S.: Weapons of Mass Destruction, S. 264.
[21] Vgl. ebd.

3.1.2 Motivation nicht-staatlicher Akteure

Unter den nicht-staatlichen Akteuren sind vor allem terroristische Gruppen zu nennen, die ein Interesse an der Anschaffung eines Massenvernichtungswaffenarsenals haben. Anders als Staaten, die vor allem an nuklearen Waffen interessiert sind, ist anzunehmen, dass Terroristen auch B- und C-Waffen für ihre Zwecke einsetzen würden. Nicht nur der Giftgasanschlag der Aum Sekte dient hier als Beispiel, sondern u.a. auch die palästinensischen Terrorgruppen Islamischer Dschihad und Hamas, deren geistlicher Fürsprecher Omar Bakri Mohammed 1999 erklärte, jede Art von Waffen sei gerechtfertigt, wenn sich Muslime gegen westliche Besatzer verteidigten.[22] Terroristische Organisationen wollen vor allem deswegen Massenvernichtungswaffen besitzen, weil sie ihnen die Möglichkeit zur asymmetrischen Kriegsführung geben, also die Option, gegenüber einem militärisch überlegenen Gegner eine Art Gleichgewicht herzustellen.[23] „Nuclear, biological, chemical and radiological weapons are seen as 'great equalizers', ideally suited for an asymmetric response to Western military powers equipped with superior conventional capabilities.“[24]

3.2 Aus der Proliferation resultierende Gefahren

Welche Folgen hat es, wenn Staaten und Terrorgruppen sich Massenvernichtungswaffen anschaffen? Zur Beantwortung dieser Frage seien hier einige Beispiele genannt. So ist in Asien ein dreiseitiger Rüstungswettlauf zwischen Indien, China und Pakistan zu befürchten.

Entscheidend für Indiens Atomtests von 1998 war, neben innenpolitischen und Prestigegründen, auch Chinas wachsendes Atomarsenal.[25] Durch den Eintritt Indiens in den „Club der Atommächte“[26] sah sich auch Pakistan gezwungen, sich nukleare Kapazitäten zu beschaffen. So ist eine instabile Lage ist entstanden, da auf der einen Seite Pakistan und Indien aufgrund des Kaschmirkonflikts zerstritten sind und auf der anderen Seite sich indische und chinesische Gruppen an der gemeinsamen Grenze gegenüberstehen. Verschärfend kommt die momentane instabile innenpolitische Lage in Pakistan hinzu. So warnt der „Spiegel“, falls es zu einem Sturz

---

[22] Vgl. Daase, Christopher: Terrorgruppen und Massenvernichtungswaffen, in: Aus Politik und Zeitgeschichte 48/2005, S. 34.

[23] Vgl. ebd., S. 33

[24] Davis, Malcolm R./Gray, Colin S.: Weapons of Mass Destruction, S. 269.

[25] Vgl. Davis, Malcolm R./Gray, Colin S.: Weapons of Mass Destruction, S. 274.

[26] Mitra, Subrata K.: Die Hindu Bombe, in: Das Parlament 32/2006, http://www.bundestag.de/dasparlament/2006/32-33/Thema/007.html, 08.01.2008.

des pakistanischen Präsidenten Musharraf komme, wüsste niemand, was aus seinem Team werde, das die geschätzten 65 pakistanischen Sprengköpfe kontrolliere.[27] Auch in den Händen so genannter „Schurkenstaaten"[28] wie Nordkorea oder Iran stellt die Atombombe eine große Gefahr dar. So hat Nordkorea seine Atomwaffen als Druckmittel eingesetzt, um internationale Hilfe und Sicherheitsgarantien zu erzwingen.[29] Harald Müller weist auf die Gefahr einer Welt mit zwei Dutzend Atomwaffenstaaten ab 2020 hin: In einem solchen nuklearen Pluralismus würde nukleare Abschreckung nicht mehr funktionieren und Terroristen hätten sehr viel bessere Chancen, sich Massenvernichtungswaffen zu beschaffen.[30]

Diese haben zwei grundsätzliche Möglichkeiten des Umgangs mit A-, B- und C-Waffen. Sie können mit ihrer Benutzung drohen und sie können sie tatsächlich einsetzen. So vergrub schon 1995 eine tschetschenische Widerstandsgruppe radioaktives Material in einem Moskauer Park und wies so auf die Fähigkeit hin, so genannte schmutzige Bomben, Bomben, bei denen zwar keine nukleare Kettenreaktion ausgelöst wird, die aber durch einen Sprengkörper radioaktives Material verteilen, bauen zu können.[31] Es gibt allerdings eine große Hemmschwelle, diese Waffen auch zu benutzen. So antwortete der Widerstandsführer Aslan Dudajew auf die Frage, ob die Gruppe tatsächlich bereit wäre, die Bomben einzusetzen, dass sie sie solange nicht einsetzen würde, wie Russland keine Nuklearwaffen einsetze.[32]

Trotz dieser Hemmschwelle wird jedoch befürchtet, dass besonders religiöse Fanatiker nicht davor zurückschrecken, sie auch zu benutzen.[33] So malen Davis und Gray das Szenario eines „Superterrorismus"[34] aus, der mit Massenvernichtungswaffenangriffen, die von nirgendwoher zu kommen scheinen und große Opferzahlen fordern, operiere und betroffenen Staaten keine Möglichkeiten zur Vergeltung lasse.[35]

---

[27] Vgl. Follath, Erich/ Hoyng, Hans/Steinvorth, Daniel/Zuber, Helene: Märtyrerin der Macht, in: Der Spiegel vom 31.12.2007, S.87.

[28] Bittner, Jochen, in: Die Zeit 52/2002, http://www.zeit.de/2002/52/Waffenbericht?page=all, 08.01.2008.

[29] Vgl. Spiegelonline vom 20.12.2006: Sechs Parteien Gespräche. USA zu Sicherheitsgarantie für Nordkorea bereit, http://www.spiegel.de/politik/ausland/0,1518,455714,00.html, 08.01.2008.

[30] Vgl. Vgl. Müller, Harald: Die Zukunft der nuklearen Ordnung, S. 9.

[31] Daase, Christopher: Terrorgruppen und Massenvernichtungswaffen, S.33f.

[32] Vgl. ebd., S.34

[33] Vgl. ebd. S. 35.

[34] Davis, Malcolm R./Gray, Colin S.: Weapons of Mass Destruction, , S. 269.

[35] Vgl. ebd.

3.3 Der Proliferationsprozess am Beispiel des Proliferationsnetzwerk um A. Q. Kahn

Es ist also wünschenswert, dass es nicht zu einer Ausweitung von Kernwaffenstaaten und einer Nuklearbewaffnung von Terroristen kommt. Zu diesem Zweck gibt es die bereits erwähnten Abkommen zur Nichtverbreitung. Trotzdem ist es möglich, sich Massenvernichtungswaffen illegal zu beschaffen. Besonders das Beispiel des Proliferationsnetzwerks um A.Q. Kahn hat dies eindrucksvoll bewiesen. So baute der Nuklearwissenschaftler Kahn zwischen 1976 und 1987 ein Forschungslaboratorium und ein Netzwerk zwischen Firmen auf, „das die zwischenstaatlichen Kontrollen der NSG und des Nichtverbreitungsvertrags (NVV) erfolgreich unterlief und so alle notwendigen Komponenten und Konstruktionspläne für den Bau der uranbasierten Kernwaffe Pakistans besorgte"[36]. Ab 1987 begann Kahn mit der Proliferation an andere Staaten. So lieferte er ab Ende 1987 Baupläne und für die Urananreicherung wichtige Komponenten, vor allem Zentrifugen, an den Iran und bis 2004 belegtermaßen außerdem an Nordkorea und Libyen. Bis zur kompletten Aufdeckung des Netzwerkes 2003 hatte es sich zu einer transnationalen Organisation gewandelt, die ihren Hauptsitz in Pakistan hatte und Produktionsstätten in Asien, Afrika dem Nahen Osten und Europa unterhielt.[37] Von den Produktionsstätten gelangten die Komponenten per Schiff mit Hilfe gefälschter Papiere an die Empfänger.[38] Auch mit fertigen oder ausrangierten pakistanischen Zentrifugen handelte das Kahn Netzwerk. Diese wurden auf dem Landweg nach Iran und per Flugzeug nach Nordkorea transferiert.[39] Es war das erste mal, dass eine Privatperson es schaffte, ein Proliferationsnetzwerk aufzubauen. Gravierend dabei ist vor allem, dass die Länder, die Kahn belieferte, allesamt Unterzeichner des Atomwaffensperrvertrags waren und damit internationalen Kontrollen unterlagen. Dass trotz dieser Kontrollen das Netzwerk erst 2003 aufflog, zeigt, wie wenig die bestehenden Maßnahmen gegen Proliferation gegenüber nicht-staatlichen Proliferationsnetzwerken ausrichten können. Verschärft wird diese Problematik noch durch die Annahme, dass es privaten Akteuren vor allem um Profit geht und dass nicht ausgeschlossen werden kann, dass sie ihre Ware auch an Terroristengruppen weitergeben.[40] So konferierten nach „Spiegel" Erkenntnissen 1999 zwei pakistanische Nuklearwissenschaftler mit al-Qaida Vertretern über Atomtechnik, vor allem über schmutzige Bomben.[41]

---

[36] Harnisch, Sebastian: Das Proliferationsnetzwerk um A. Q. Kahn, S. 25.
[37] Vgl. ebd., S. 26.
[38] Vgl. ebd.
[39] Vgl. ebd.
[40] Vgl. Harnisch, Sebastian: Das Proliferationsnetzwerk um A. Q. Kahn, S. 24.
[41] Vgl. Follath, Erich/Mascolo, Georg: Die Jagd nach der Atombombe, in: Der Spiegel vom 26.01.2004,

4. Potentielle Möglichkeiten zur Eindämmung von Proliferation

Es ist ersichtlich, dass die bestehenden Abkommen nicht ausreichen. In diesem Abschnitt soll diskutiert werden, welche weiteren Maßnahmen zur Eindämmung von Proliferation ergriffen werden können. So fordert Sebastian Harnisch die Verbesserung der nationalen und internationalen Exportkontrollen und des Inspektionssystems der Internationalen Atomenergieorganisation.[42] Maßnahmen hierzu sind bereits von der Staatengemeinschaft unternommen worden. Hier ist beispielsweise die 2004 beschlossene UN-Sicherheitsrat Resolution 1540 zu nennen. Sie „verlangt von den Mitgliedstaaten, Proliferation strafrechtlich zu verfolgen, strenge Ausfuhrkontrollen durchzuführen und innerhalb ihrer Grenzen die Sicherung aller sicherheitssensitiven Materialien zu gewährleisten."[43] Zudem enthält sie zwölf konkrete Maßnahmen, zu denen die Mitglieder aufgefordert werden.[44]

Auch das Zusatzprotokoll zum Atomwaffensperrvertrag von 1997 ist in diesem Zusammenhang wichtig. Es verpflichtet die Staaten, die es ratifiziert haben, nukleare Exporte unaufgefordert an die Internationale Atomenergieorganisation zu melden und sichert der IAEA umfangreiche Inspektionsrechte zu. Dieses Protokoll haben jedoch erst 35 Staaten ratifiziert.

Auch auf nationalstaatlicher Ebene werden Lösungen gesucht. So stellt der Politikwissenschaftler Baker Spring dem amerikanischen Kongress auf Grundlage eines Berichts der „Commission on Weapons of Mass Destruction"[45] fünf Punkte vor, für die sich Amerika im Interesse der Nichtverbreitung von Massenvernichtungswaffen einsetzen sollte.[46] Der erste Punkt befasst sich mit der Konzentration auf die grundlegenden Motivationen, die zu nuklearer Proliferation führen: Es sollte ein politisches Umfeld geschaffen werden, in dem kein Staat das Gefühl haben müsse, mit Atomwaffen für seine Sicherheit sorgen zu müssen. Dies solle durch zwei Instrumente hergestellt werden: Zum einen durch das globale, aus dem Atomwaffensperrvertrag hervorgehende Nonproliferationsregime und zum anderen durch regionale Sicherheitsarrangements.[47] Der zweite Punkt betrifft die spezielle Bedrohung, die terroristische

---

S. 102.

[42] Vgl. Harnisch, Sebastian: Das Proliferationsnetzwerk um A. Q. Kahn, S. 28.

[43] Großman-Vermaas, Rita: Proliferation und Entwicklung: Darlegung der Zusammenhänge, in: NATO Brief, Herbst 2007, http://www.nato.int/docu/review/2007/issue3/german/art3.html, 08.01.2008.

[44] Vgl. ebd.

[45] Der vollständige Bericht findet sich unter: http://www.auswaertiges-amt.de/diplo/de/Aussenpolitik/Abruestung/Blix-Bericht-0606.pdf.

[46] Vgl. Spring, Baker: Weapons of Mass Destruction: Current Nuclear Proliferation Challenges, in: Heritage Lectures vom 26.09.2006, S. 1-7.

[47] Vgl. ebd., S. 2.

Organisationen mit nuklearen Ambitionen darstellten: Es dürfe nicht passieren, dass diese in den Besitz nuklearer oder anderer Massenvernichtungswaffen gelangten. Die wichtigste Maßnahme dagegen sei der verstärkte Schutz spaltbaren Materials und nuklearer Waffen durch die Staaten, die sie besitzen.[48] Als dritten Punkt spricht er die regionale Dimension des Problems der Nuklearen Proliferation an. Aufgrund der Gefahr, die von nuklear bewaffneten Staaten im Mittleren Osten oder in Südasien ausgehe, wie Indien, Iran oder Pakistan, sollte in diesen Regionen der Versuch gemacht werden, nuklearwaffenfreie Zonen einzurichten.[49] Viertens fordert er die Fortsetzung des US-Russischen nuklearen-Abrüstungsprozesses, da er diesem eine große Bedeutung für die Nonproliferation beimisst.[50] Und fünftens sollten hohe Standards für die Handhabung von spaltbarem Material und Nuklearwaffen beibehalten werden. So solle sichergestellt werden, dass der Schutz nuklearen Materials nur von Leuten übernommen werde, die sowohl besonders verlässlich, als auch besonders kompetent seien.[51]

Die oben genannten Punkte stellen wichtige Maßnahmen zur Eindämmung von Proliferation dar. Allerdings gibt es ein grundsätzliches Problem. Dieses besteht in der Abhängigkeit aller Maßnahmen vom Willen der jeweiligen Staaten zur Bekämpfung der Proliferation. So betont Rita Grossman-Vermaas, dass für viele Staaten die Massenvernichtungswaffen-Bedrohung auf der nationalen Tagesordnung ziemlich weit unten stehe. Anderen, direkteren Problemen würden mehr Aufmerksamkeit und Ressourcen gewidmet.[52] Auch Sebastian Harnisch stellt fest, dass „eine verbesserte multilaterale Zusammenarbeit [...], nicht die Versäumnisse unverantwortlicher oder unbedachter Exportkontrollpolitik ausbessern"[53] könne. „So ist ein überzeugter Proliferateur mit den Kontakten eines A. Q. Kahn kaum aufzuhalten, wenn er zumindest von Teilen seiner Regierung aktiv unterstützt oder zumindest geduldet wird."[54]

---

[48] Vgl. ebd.
[49] Vgl. ebd., S. 2f.
[50] Vgl. ebd. S. 3.
[51] Vgl. ebd.
[52] Großman-Vermaas, Rita: Proliferation und Entwicklung,
http://www.nato.int/docu/review/2007/issue3/german/art3.html, 08.01.2008.
[53] Harnisch, Sebastian: Das Proliferationsnetzwerk um A. Q. Kahn, S. 30.
[54] ebd.

5. Fazit

In diesem Referat wurde die Bedeutung der Proliferation von Massenvernichtungswaffen herausgearbeitet. Es wurde dargestellt, aus welchen Gründen Akteure ein Massenvernichtungswaffenarsenal besitzen wollen und welche Gefährdungen daraus entwachsen. Am Beispiel des Proliferationsnetzwerks von A. Q. Kahn wurde gezeigt, dass bestehende Nonproliferationsregime nicht ausreichen, um die Verbreitung dieser Waffen zu verhindern. Abschließend wurden verschiedene Maßnahmen zur Entschärfung dieses Problems vorgestellt. Obwohl diese Maßnahmen zur Verbesserung der Situation beitragen können, gibt es eine grundlegende Schwachstelle, und zwar die Abhängigkeit vom Willen aller Staaten, Proliferation auch tatsächlich zu bekämpfen. Solange es nicht gelingt, eine internationale Kontrollinstanz mit uneingeschränkten Befugnissen zu schaffen, wird diese Problematik anhalten. Die Konsequenzen, die sich daraus ergeben sind nur schwer einschätzbar. Im Prinzip drohen sowohl nukleare Konflikte zwischen Staaten, als auch Massenvernichtungswaffenanschläge durch terroristische Gruppen. Obwohl sicherlich nicht von einer unkontrollierbaren Gefährdung für die gesamte Menschheit gesprochen werden kann, sind die Folgen von Proliferation nicht zu unterschätzen.

Literaturverzeichnis

Bittner, Jochen, in: Die Zeit 52/2002, http://www.zeit.de/2002/52/Waffenbericht?page=all,
08.01.2008.

Daase, Christopher: Terrorgruppen und Massenvernichtungswaffen, in: Aus Politik und
Zeitgeschichte 48/2005, S. 31-38.

Davis, Malcolm R./Gray, Colin S.: Weapons of Mass Destruction, in: Baylis, John u.a.: Strategy
in the Contemporary World. An Introduction to Strategic Studies, Oxford 2002, S. 254-285.

Deterding, Sebastian: Hiroshima: Eine Chronik. Von der Entdeckung des Uran bis zum Ende des
Kalten   Krieges, http://www.bpb.de/themen/3IU3NN,0,0,Hiroshima:_Eine_Chronik.html,
07.01.2008.

Follath, Erich/ Hoyng, Hans/Steinvorth, Daniel/Zuber, Helene: Märtyrerin der Macht, in: Der
Spiegel 01/2008, S.82-92.

Follath, Erich/Mascolo, Georg: Die Jagd nach der Atombombe, in: Der Spiegel vom 26.01.2004,
S. 96-109.

Görtemaker, Manfred: Entspannung und neue Ostpolitik 1969.1975, in: Informationen zur
politischen Bildung, Nr. 245,

http://www.bpb.de/publikationen/FVE7OE,0,0,Entspannung_und_Neue_Ostpolitik_19691975.ht
   ml, 08.01.2008.

Großman-Vermaas, Rita: Proliferation und Entwicklung: Darlegung der Zusammenhänge, in:
NATO Brief, Herbst 2007, http://www.nato.int/docu/review/2007/issue3/german/art3.html,
08.01.2008.

Harnisch, Sebastian: Das Proliferationsnetzwerk um A. Q. Kahn, in: Aus Politik und Zeitgeschichte 48/2005, S. 24-30.

Mitra, Subrata K.: Die Hindu Bombe, in: Das Parlament 32/2006, http://www.bundestag.de/dasparlament/2006/32-33/Thema/007.html, 08.01.2008.

Müller, Harald: Die Zukunft der nuklearen Ordnung, in: Aus Politik und Zeitgeschichte 48/2005, S. 3-9.

Spring, Baker: Weapons of Mass Destruction: Current Nuclear Proliferation Challenges, in: Heritage Lectures vom 26.09.2006 S. 1-7

Weitere Internetquellen ohne Verfasser:

Glossar: Sind wir sicher? - Proliferation, http://www.bpb.de/themen/1EQXT2,3,0,Glossar.html, 07.01.2008.

Meyers Lexikonverlag: ABC-Waffen, http://lexikon.meyers.de/index.php?title=ABC-Waffen&oldid=281750, 07.01.2008.

Meyers Lexikonverlag: C-Waffen-Abkommen, http://lexikon.meyers.de/index.php?title=C-Waffen-Abkommen&oldid=133334, 07.01.2008.

Meyers Lexikonverlag: B-Waffen-Abkommen, http://lexikon.meyers.de/index.php?title=B-Waffen-Abkommen&oldid=166204, 07.01.2008.

Meyers Lexikonverlag: Genfer Vereinbarungen, http://lexikon.meyers.de/index.php?title=Genfer_Vereinbarungen&oldid=163616, 07.01.2008.

Spiegelonline vom 20.12.2006: Sechs Parteien Gespräche. USA zu Sicherheitsgarantie für Nordkorea bereit, http://www.spiegel.de/politik/ausland/0,1518,455714,00.html, 08.01.2008.